Wüste

In der Wüste ist man verloren. Wer durch die Wüste geht, muß mit Durst, Trockenheit und Bedrohungen aller Art rechnen. So denken viele, wenn sie das Wort „Wüste" lesen.

Jene, die der Wüste begegnet sind, berichten allerdings nicht selten von einem tief beglückenden und befreienden Naturerlebnis.

Seit altersher ist die Wüste auch ein Ort der Lebenserneuerung. In der (scheinbaren!) Eintönigkeit dieser Landschaftsform kommt der Mensch zur Besinnung und Sammlung.

Die Wüste fordert heraus und – sie macht nüchtern.

Körper, Seele und Geist erleben eine Art Reinigung. Die tausend Tricks der Überlistung und Berauschung und die kleinen Fluchtwege im Alltag taugen nicht mehr. Die Wüste konfrontiert den Menschen mit sich selbst.

Wer in die Wüste geht, steht fast unwillkürlich vor der Frage, was dem Leben Bestand gibt. Angefangen bei den Wüstenvätern der ersten christlichen Jahrhunderte bis heute ist die Wüste ein Ort der Gottesbegegnung. Allerdings, wer in der Wüste etwas vom Geheimnis des Lebens ahnt, wird kein lauter Prediger. Schweigen und Beten scheint ihm angemessener.

Wüste meint auch eine Wirklichkeit im Menschen selbst. Es ist ein Bild für das, was mit mir geschieht, wenn ich als Mensch unterwegs bin – zu einem menschlicheren Leben.

Mensch werden zwischen Wüste und Oase. Ein Wüstentag kann dazu verhelfen.

Die Idee zum Wüstentag kam mir nach einem Selbsterfahrungskurs. Wir machten viele Übungen zur Wahrnehmung. Es war wie eine Entdeckungsreise in bisher wenig bekannte Regionen meines eigenen Lebens....
Ich wollte etwas von diesen einfachen, aber so befreienden Erfahrungen in den Alltag hinein "retten".

Ich könnte mir doch von Zeit zu Zeit einen Tag schenken, an dem ich sozusagen meine verstopften Wahrnehmungskanäle reinige! Ablagerungen verschiedenster Art gibt es immer wieder, das gehört zum Alltag: in den Ohren bilden sich Pfropfen, im Kopf schichten sich (Vor-)Urteile, die Blickrichtung ver-

steift sich... der Atem wird kurz und ober-
flächlich. Für ein tiefes Atemholen brauche
ich aber nicht bis zum nächsten Kurs zu
warten. Ich brauche auch nicht unbedingt
einen Fachmann. Mein fester Wille, möglichst bewusst zu leben und etwas ge-
gen "Verstopfung" zu tun, genügt. Die Ein-
richtung eines Wüstentages kann eine
kleine Hilfe sein.

Und so etwa sieht mein Besinnungstag
aus: Ich wähle einen Tag, an dem ich mich
von Terminen und Verpflichtungen frei ma-
chen kann. Es soll MEIN Tag werden. Am
Vorabend habe ich ein paar Dinge bereitgelegt ➝ zum Essen etwas Brot, Käse,
Äpfel... ➝ Bleistift und Papier und die paar

Anregungen dieses Büchleins → gutes Schuhwerk, Regenschutz. Am Morgen breche ich auf, ganz gleich wie das Wetter ist. Ich verlasse meinen Wohnort und gehe über Land. Ohne festes Ziel, das ich erreichen muss. Ich habe nicht vor, eine Wanderung zu unternehmen, um mich körperlich zu ertüchtigen. Es wird ein Tag werden, den ich wie in der Zeitlupe lebe. Ich gehe und freue mich, dass ich gehen darf... Ich atme und atme auf und atme tief durch... Es wird nichts Aussergewöhnliches geschehen, ich besuche keine Sehenswürdigkeit, aber ich bin dankbar, dass ich Augen habe, die sehen können → und Hände und Füsse, die tasten und fühlen!

Die einfachen Dinge des Lebens → das, was mich zum Menschen macht, soll heute ins Bewusstsein kommen: der aufrechte Gang, das Nachdenken und Mitfühlen, die Gelassenheit, das Lächelnkönnen und Verweilen. Ob ich das nötige Mass Langsamkeit aufbringe? Ich will es versuchen. Für ein paar Stunden bin ich weg von Menschen, bin bei mir selbst zu Gast .... um wieder ein ganzer Mit-Mensch zu sein.

Ich wünsche uns allen – mit oder ohne Wüstentag – viel Lebensfreude!

Bruno Dörig

Aufbrechen ...

Die warmen Pantoffeln habe ich beiseite gelegt und richtige Schuhe zum Mar-
schieren angezogen. Ich will mich heute voll und ganz im Gehen erleben.
Ich will einen Fuß vor den andern setzen und so ein Stück Welt be-gehen.

Etwas Freudig-Beschwingtes liegt im Aufbrechen, etwas Erwartungsvolles,
vielleicht vermischt mit Ungewißheit und Angst.
Gut so, ich laß den Tag auf mich zukommen, Schritt für Schritt,
laß ich ihn einströmen durch meine Sinne in mein Herz und in meinen Kopf.
Ich bin bereit. Ich versuche, mich von den Vorstellungen zu lösen,
wie dieser Tag sein könnte oder sollte.
Ich habe ein paar freie Stunden vor mir, die ich nicht verplanen will.
Den Tag leben – als Tag; ein Geschenk für mich.
Gehen, nicht um an ein Ziel zu kommen und einen Marsch zu leisten,
sondern um die Freude am Gehen-können zu entdecken.
Aufbrechen, nicht um ein Programm zu absolvieren,
sondern um dankbar und bewußt im Aufbrechen Sinn zu erleben.

Vieles im Leben kommt in der Form des Aufbruchs.
Was sich verhärtet hat und festgefahren ist, wird aufgebrochen:
eine Gewohnheit, eine fixe Idee, eine Langeweile. Was wirklich lebt,
bricht durch wie der Löwenzahn, der im schütteren Asphalt
eine Durch-Bruch-Stelle findet.
Freilich, nicht alles, was aufbricht
und auf neue Wege lockt, ist zu meinem Wohle.
Es braucht zur Bereitschaft für Neues auch meinen kritischen Verstand.
Den will ich mir nicht nehmen lassen. Aber daß die schöpferischen Kräfte,
die in mir schlummern, immer durchbrechen, darauf kommt es an.

Daß ich aus meiner Pantoffelbequemlichkeit ausbreche
und mich auf den Weg mache – geistig und körperlich – das ist wichtig.
Leben ist Aufbruch – Aufbruch ist Leben.

Niemand kann mehr Kraft hergeben,
als er empfangen hat.

Einatmen — Ausatmen

Ich probiere, den Atem eine Zeitlang anzuhalten –
ich komme an eine Grenze, wo ich wieder Luft holen *muß*.
Einatmen und ausatmen, das gehört zu mir so selbstverständlich
wie das Leben selbst. Der Atem ist mein ständiger Begleiter.
Er ist so selbstverständlich, daß ich im Alltag kaum an ihn denke.

Heute ist Wüstentag: Innehalten und tief durchatmen gehört dazu.

Atmen heißt nicht nur Austausch von Kohlensäure und Sauerstoff.
Es ist ein ganzheitliches Geschehen. Das Leben regeneriert sich.
Neue Lebenskraft kommt in alle Winkel meines Körpers.
Und es tut auch meiner Seele gut, wenn ich durchatme.

Ich erinnere mich an einen Schulkameraden,
der mir zur Examenszeit den Rat gab:
Du mußt an der frischen Luft dreimal tief atmen,
dann gehst du ruhig in die Prüfung! Und es hat tatsächlich genützt.
Offensichtlich hat das Einpendeln in einen ausgleichenden Atemrhythmus
wohltuende Auswirkung auf das Gesamtbefinden.
Atmen geschieht meistens unwillkürlich in uns.
Ohne unser Dazutun vollzieht es sich im Ein und Aus.
Und doch ist es – im Unterschied zum Herzschlag – möglich,
mit dem Willen regulierend, fördernd oder störend einzugreifen.
Wir können beschleunigen, hecheln, verlangsamen, seufzen, aufatmen . . .

Dabei möchte ich etwas verweilen.
Ich habe also, unabhängig von Ort und Zeit, im Atem einen Lebenshelfer.
Ganz nahe bei mir sitzt einer, der mich auf den rechten Rhythmus
von Aufnehmen und Weggeben aufmerksam macht:
Niemand kann mehr Kraft hergeben, als er empfangen hat!

Und: Im richtigen Durchatmen merke ich,
wieviel ungenutzte Kraft in mir steckt.

ich bin

du bist

wir sind

Allein — Gemeinsam

Wer nicht allein sein kann, ist auch nicht zur Freundschaft fähig!
Ich war 18, als mir ein weiser Mann diesen Satz mitgab.
Ich war eben verliebt und hätte am liebsten
den ganzen Tag mit meiner Freundin verbracht.

Mit der Zeit begriff ich, daß der Satz stimmt.
Wer lernen will, ein guter Partner zu sein,
muß auch zum Alleinsein fähig sein. Er muß es bei sich selbst aushalten.
Er darf nicht gleich davon rennen,
wenn er mit seinen unangenehmen Seiten konfrontiert wird.

Im Alleinsein holen jene Fähigkeiten neue Kraft,
die mitmenschliche Begegnung gelingen lassen:
Freude, Verständnis, Zuhören-können, Gelassenheit und Engagement.
Zudem kann im ehrlichen Blick auf sich selbst die Gewißheit reifen,
daß wir als Menschen alle arm sind: wir haben an uns selbst nicht genug!
Wir brauchen einander in Verständnis, Solidarität und Liebe.

Das Alleinsein will ich heute bewußt erleben. Gelingt es mir?
Halte ich es bei mir aus oder fehlen mir die Ablenkungen und Vergnügen?
Bin ich mir selbst ein langweiliger Begleiter?
Oder ist es umgekehrt? Genieße ich dieses Alleinsein?
Bin ich einer, der sich eher dazu zwingen muß, unter die Leute zu gehen?
Wie wichtig ist mir Gemeinschaft? Freundschaft?
Was bin ich meinen Kameraden am Arbeitsplatz für ein Mitmensch?
Was bedeutet mir die eigene Familie?

Zum ganzen Menschsein gehört wohl beides, Gemeinschaft und Alleinsein.
Ich will ein Feingefühl entwickeln, um zu merken, wann Alleinsein nottut
und wann die Zeit reif ist für Begegnung und Gemeinschaft.

Mit wem möchte ich am liebsten ganz persönliche Probleme besprechen?

kommen lassen

wahr-nehmen

festhalten

und

los

lassen

Wahr-nehmen — Los-lassen

Ich will heute nicht möglichst viel in mich aufnehmen,
sondern Weniges intensiv. Deshalb bleibe ich immer wieder stehen
und nehme wahr: mit den Augen, mit den Ohren, mit der Nase,
mit den Händen, mit dem ganzen Körper, mit Kopf und Herz.

Ich schließe die Augen und spüre, ob und wie der Wind geht.
Ertaste Warmes und Feuchtes, Grobes und Feines.
Im Gras, im Baum, im Stein . . .

Mit der gleichen Offenheit gegenüber der Außenwelt
will ich auch aus dem Innern kommen lassen, was aufsteigt.
Wörter, Gedanken, Gefühle, Erinnerungen.
Ich verdränge sie nicht, sondern nehme sie wahr.
Vielleicht ist Bedrängendes, Aufstößiges, Frag-würdiges dabei.
Das gehört alles zu mir, da hilft kein Verdrängen.
Liebevoll und geduldig nehme ich auch die dunklen Seiten an mir an.
Ich will mich heute nicht dazu drängen lassen,
im Grübeln nach Lösungen zu suchen.
Ich lasse kommen, nehme wahr und sage laut zu mir:
Diese Gedanken gehören zu mir, und ich will sie geduldig kommen lassen . . .

Vielleicht habe ich Lust, diese Gedanken aufzuschreiben. Ich tu's.
Mit wem möchte ich besprechen, was mich beschäftigt?
Ich spiele die Begegnung mit einer mir nahestehenden Person,
spreche sie an, erzähle laut, was mich gerade jetzt beschäftigt.

Ich gehe jetzt wieder ganz hinaus in die Sinne,
will aufnehmen, was gerade jetzt meine Umwelt ist . . .
Ich weiß, man kann nicht immer nur aufnehmen.
Ich muß auch wieder weggeben können. Wie beim Atmen.
Gelassenheit kommt auf bei diesem Gedanken an den Rhythmus im Atmen . . .
Ich füge mich ein.
Tag und Nacht. Einatmen und Ausatmen.
Aufnehmen und Weggeben.

Stehen — Gehen

Eine Kraft,
die schläft, wecken

Einem Schrei,
der unterdrückt wurde, zum Ausdruck verhelfen

Ein Organ,
das verkümmert, zur Entfaltung bringen

Eine Gewöhnung,
die unnötigerweise beengt, abbauen

Stein und Mauer nicht wegdiskutieren
aber vorsichtig einen Stein lockern, wer weiß

Schmerz und Trauer nicht dämpfen
aber trotzdem einen Schritt tun, vielleicht

Gleichgültigkeit und Haß nicht beschönigen
aber neue Zugänge suchen, immer wieder

Harte und böse Worte nicht abschwächen
aber ein leises und brüderliches dazusagen, einfach so

fühlen, wie es ist
wenn ich du sage

vielleicht löst sich ein Stein
tut jemand einen Schritt, nach langem

vielleicht beginnt
ein Lernen

in Richtung Frieden

Än Guete!   ...und gueti Verdauig!

Essen — Verdauen

Langsam und mit viel Genuß esse ich den Proviant.
Eine gute Gelegenheit, für einmal dem Essen nachzusinnen.

Das Essen wird zum Genuß und tut dem Körper gut,
wenn alle meine Sinne dabei aktiv werden.
Wir sind ja nicht gerade in einer Zeit, die zur Eßkultur besondere Sorge trägt.
Und weil Essen etwas Alltägliches ist,
brauchen wir alle immer wieder ein bißchen Disziplin,
damit Essen ein Genuß bleibt.

Wir leben nicht von dem, was wir essen, sondern von dem, was wir verdauen.
Wer das bedenkt, nimmt sich fürs Essen Zeit.
Sein Mittagessen ist nicht nur kurze Verpflegung am Bürotisch.
Es ist eine Erholungszeit für den Körper.
Und dazu gehört auch die Zeit fürs Verdauen.
Wir sind in Gefahr, das Verdauungssystem ständig zu überfordern.
Viele werden krank, weil sie mehr essen, als sie verdauen können.
Mediziner verweisen auf die Bedeutung des Fastens.
Wie ist das bei mir? Bin ich ein Genießer?
Stopfe ich das Essen wild in mich hinein, wenn ich Probleme habe? . . .
Und wie ist es mit der geistigen Kost?

Nur jenes Wahrgenommene und Erlebte wird uns zur Nahrung,
das wir auch verdauen können.
Wir müssen uns auch Zeit zur Verarbeitung geben.
Was wir aufnehmen, soll in unserer Lebensgeschichte einen Platz finden.

Kaum eine Generation vor uns „aß"
mit Aug und Ohr soviel wie die unserige.
Entsprechend sind auch die Verdauungsstörungen.
Wieviele Erlebnisse schwirren irgendwo in Herz und Kopf herum,
ohne daß wir sie verdauen und in ein großes Ganzes einordnen können!
Wüstentag – Zeit zum Verdauen.

in Deine Hände........

Zweifeln — Glauben

Laut vor sich hin reden, spielen, in Rollen hineinschlüpfen,
das tut gut, macht locker und gelassen.

Ich tue so, als ob Jesus mit mir ein Stück des Weges ginge.
Ich rede mit ihm, erzähle, was mich beschäftigt . . .
. . . im Spannungsfeld zwischen glauben und zweifeln.
Ich rede mir von der Seele weg, was ich an seinem Leben
und an seiner (frohen!) Botschaft nicht verstehe.
Ich will ihm nichts vormachen. Er wird von
mir keinen schönen, wohl formulierten und gefestigten Glauben erwarten,
wenn wir miteinander unterwegs sind.
Er hat ein Herz für die Suchenden und Zweifelnden, nicht nur für die Braven
und die mit den fertigen Antworten. Thomas, den „Ungläubigen", hat er
nahe zu sich herangenommen. So konnte auch er be-greifen, auf seine Art.
Nur mit den Lauen und Gleichgültigen geht Jesus hart ins Gericht.

Vielleicht komme ich so,
im lockeren und freundschaftlichen Gespräch mit Jesus,
an jene (vielleicht verschüttete) Quelle heran,
die meinen persönlichen Glauben ausmacht.
Religion gehört zu meinem Leben. Sie fängt da an, wo ich versuche,
eine Antwort auf die Frage nach dem Sinn des Lebens zu verstehen.
Vielleicht ist da nur ein diffuses Gefühl
oder ein unklares Bedürfnis nach „Heimat".

Jeder Glaube braucht Nahrung, wenn er sich entfalten und wachsen
und zum Tragen kommen soll.
Einen redlichen Umgang mit Zweifeln. Das kann mir niemand abnehmen.
Mein Glaube ist so persönlich wie mein Fingerabdruck.
Ich setze mich in eine stille Kirche
oder an ein schönes Plätzchen am Waldrand oder auf dem Hügel;
sitze da, übergebe mich dem Rhythmus des Atmens, öffne die Hände,
sage DU und JA und DANKE . . .

Arbeiten — Feiern

Manchmal erträume ich mir einen Arbeitsplatz, der mich am Morgen
mit aller Kraft aus dem Bett heraus lockt. Ich wünsche mir eine Tätigkeit,
die mich ganz fordert, begeistert und beglückt.
Eine fast naive Vorstellung steckt in mir,
jede Arbeit sei im Kern etwas Künstlerisches.

Es gehört aber offensichtlich zum Wesen der Arbeit,
daß sie sich abnützt, gewöhnlich wird und den Glanz verliert.
Die Tätigkeit mag noch so schöpferisch sein,
die Wiederholung im Alltag bringt eine Ernüchterung.
Ich will etwas nachdenken über Wunsch und Wirklichkeit in meinem Beruf.
Die tägliche Arbeit füllt meine (Lebens-)Zeit ganz schön aus.
Da ist es nicht gleichgültig, wie ich mich dabei fühle.
Ist mir die Arbeit ein Job, eine Möglichkeit, zu Geld zu kommen?
Oder mehr? Leiste ich mit meiner Arbeit
einen sinnvollen Dienst in der Gesellschaft?

Das Gegenteil von Arbeit ist nicht Faulenzen
(was natürlich auch wichtig ist), sondern Feiern.
Bin ich ein Mensch, mit dem man gern und gut ein Fest feiert?
Was kann ich beitragen, damit ein Fest gelingt?
Ich versuche mich zu erinnern, wann und aus welchem Grund
ich das letzte Mal so richtig gefeiert habe.
Arbeit hat einen Zweck, beim Feiern muß nichts herausschauen.
Es ist unverzwecktes Dasein, und darum so wichtig.
Armer Mensch, der nicht mehr feiern kann
und immer gleich nach dem Nutzen frägt.

Feiern hat keinen Zweck, wohl aber einen Grund:
Ich bekomme das Leben geschenkt, Stunde um Stunde.
Ich kann atmen, lachen, singen, essen, trinken,
Gemeinschaft erleben . . . neu anfangen, immer wieder.
Grund zum Feiern. Grund zum Danken.
Jetzt.

meine Lieblingswörter:

Wörter, die Brachzeit brauchen:

Reden — Schweigen

Wenn ich am heutigen Tag wenig rede,
so sind die Wörter doch nicht abwesend. Sie sind da, irgendwo in mir.
Sie ruhen sich aus und gewinnen neue Kraft,
fast so wie die Erde im Winter brach liegt,
um im Frühling neu fruchtbar zu werden.
Es ist gut, wenn wir der Sprache von Zeit zu Zeit diese Ruhe geben.
Denn es ist schon so, daß sich Wörter durch häufigen Gebrauch
abnützen wie Münzen. Wenn ich das Wort LIEBE in den Mund nehme,
dann merke ich, daß der Wert dieses Wortes nicht ohne weiteres
gedeckt ist . . .

Im Alltag sind wir oft umstellt von Wortlärm und Wortgerümpel.
Da tut Stille und Schweigen gut.
Schweigen hat seine Zeit und Reden hat seine Zeit.
Es käme darauf an, in unserm Alltag
den rechten Rhythmus von Schweigen und Reden zu finden.
Das ist nicht leicht. Wir werden immer wieder ins Gerede kommen
oder ins stumpfe Schweigen fallen. Aber man kann es lernen,
Stück für Stück, im sorgsamen Umgang mit der Sprache.
Vorwärtskommen zum Reden und Schweigen
aus einer kraftvollen, frischen Mitte heraus, das ist ein Ziel,
das mir wichtig ist. Vor allem möchte ich zur rechten Zeit
das rechte Wort finden.
Umgekehrt: Schweigen, wo ich reden müßte, macht mich schuldig . . .

Ich will jetzt meiner eigenen Sprache etwas nachgehen.
Woran erkennt man denn meine Sprache, wenn ich rede oder schreibe?
Ich habe meine Lieblingswörter
(die hoffentlich nicht nur die Modewörter meiner Zeit sind).
Kann ich sie aufzählen, oder sind sie mir zu nahe?

dunkel

vergeistigt   gefühlshaft

theoretisch   praktisch

nach aussen gerichtet   rund

nach innen

herrschend

weich

naturverbunden

abstrakt

eckig   konkret

hart   intuitiv

logisch   ruhend

tätig   mit dem Leben eins

hell   erdhaft

MannSein — FrauSein

Ich bin unterwegs an diesem Tag – als Mann/als Frau.
Oder einfach als Mensch?
In vielen Bereichen ist das Geschlecht nicht so wichtig.
Wir sind MENSCHEN:
aufeinander angewiesen, getragen von der gleichen Hoffnung,
der Friede werde wirklich, die Liebe werde ganz!
Und doch, ich kann nie von meinem MannSein/FrauSein absehen.
Mein MenschSein ist immer geschlechtlich eingefärbt.
Ich will dem jetzt ein bißchen nachgehen . . .

In meinem Dorf weiß man ziemlich genau, was ein „normaler Mann" ist.
Aber den Satz „Eine Frau gehört ins Haus"
nimmt man nicht mehr ohne weiteres in den Mund.
Rollenbilder gehen von einer Generation zur andern, sie verändern sich auch,
aber ganz langsam. Was eine Gesellschaft
als männlich oder weiblich festlegt, ist oft willkürlich.
Es sind einfach Abmachungen, die das Zusammenleben erleichtern –
und viel Kreativität einsperren! Ich will herausfinden,
was mir wichtig ist am FrauSein/am MannSein.
Ich unterstreiche auf der Seite nebenan die entsprechenden
Eigenschaftswörter. Was trifft auf mich zu?

Die Psychologen sagen, daß ein Mann auch weibliche Anteile habe und
umgekehrt. Und man müsse mit diesen gegengeschlechtlichen Seiten
sorgfältig umgehen. Wenn man sie nicht wahrhaben wolle,
könne es sich rächen. Es braucht lebenslänglich Geduld,
wenn ich meine weiblichen Anteile in mir integrieren will.
Daß wir Mann und Frau sind, gibt unserem Leben Farbe, Vibration,
Schwung und Spannung. Es ist das Feld der Fruchtbarkeit . . .
Wir wollen uns daran freuen.

Heimkehren

Alles hat seine Zeit. Das Reden, das Schweigen.
Das Suchen, das Finden. Das Lachen, das Weinen, das Beten, das Fluchen ...
Alles Lebendige verläuft in Rhythmen.
Auf die Nacht kommt der neue Tag, auf den Winter folgt der Frühling ...

Ich breche auf – ich kehre heim.
Es gibt einen Drang zur Heimkehr von innen heraus, jenseits der Uhrzeit.
Es zieht mich etwas nach Hause, gerade jetzt.
Es ist eine Sehnsucht nach den eigenen vier Wänden, nach einem Ort,
der mir etwas Geborgenheit schenkt. Ich habe eine Adresse.
Damit ist auf der großen Erde ein Ort bezeichnet,
wo ich für andere erreichbar bin. Eine Adresse haben,
heißt noch nicht zu Hause sein. Mit Zuhause meine ich
einen Lebens-Raum, in dem ich mich wohl fühle, weil ich *ich* sein darf.
Er paßt zu mir wie eine erweiterte Haut.

Vielleicht kann ich ein paar Elemente notieren,
die *mein* Zuhause ausmachen. Oder: die mir den Weg zum Zuhause
erleichtern. Denn im Kern ist „Heimat" nicht etwas Materielles.
Und doch sind es wirklich Dinge, mit den Sinnen wahrnehmbares,
die mir mein Zuhause markieren. Sind es gewisse Möbel, Bücher, Bilder,
Gegenstände? Sind es Materialien, die meinem Tastempfinden
entgegenkommen (ich überlege mir schnell mal, wieviel Plastik
und Kunststoff in meiner Wohnung vorhanden sind) ... Sind es Düfte?
Ist es die Lage der Wohnung, im Dorf oder im Quartier? ...
Wie würde mein Traum-Zuhause aussehen?

Was kann ich an meiner jetzigen Wohnung verändern?
Was will ich ändern, was kann ich (im Moment) nicht ändern?
In diesem wachen Bewußtsein des Heimkehrens
betrachte, beschnuppere, ertaste ich mein Zuhause.
Bin ich daheim?

Hinweise zur Durchführung

- Ein Wüstentag braucht keine große Vorbereitung, wohl aber den entschiedenen Willen zur Durchführung. Man entscheidet sich am besten am Vorabend endgültig und stellt sich innerlich darauf ein. Proviant, Notizpapier (ev. Tagebuch), Schreibstift und dieses Büchlein werden bereitgelegt, am besten in Umhängetasche oder Rucksack. Allfällige Verpflichtungen (Termine, Abmachungen) werden noch am Vorabend gelöst. Schlechtes Wetter sollte einen nicht vom Wüstentag abhalten. Wer sich mit Regenschutz und gutem Schuhwerk ausrüstet, wird den Tag auch bei Regen und Wind genießen.

- Wichtig am Wüstentag ist die Begegnung mit sich und der Umwelt im Gehen und Schweigen. Der vorliegende Wüstentag ist nur ein möglicher Vorschlag. Jeder muß ihn seinen Möglichkeiten und Wünschen anpassen.

- Häufig wird der Wüstentag in mehrtägigen Kursen und Exerzitien eingebaut. Die Kursleitung kann durch sorgfältige Vor- und Nachbereitung und durch eine liebevolle bereitgelegte Wegzehrung (ev. ergänzt mit einem Text aus dem Kursthema) zum Gelingen des Tages beitragen. Wenn die Gegend für viele unbekannt ist, sollte man Kartenmaterial (ev. fotokopierte Ausschnitte) mitgeben und einen spätesten Zeitpunkt der Rückkehr bekanntgeben.

- Bei Jugendlichen unter 17 Jahren ist die Durchführung eines Wüstentages in der Regel nicht zu empfehlen.

- In ganz wenigen Fällen kann es sinnvoll sein, einen Wüstentag zu zweit zu unternehmen.

- Wer sich in einem seelischen Tief befindet, sollte sich gut überlegen, ob ihm die Erfahrung des Alleinseins im Wüstentag gut tut. Es ist auf jeden Fall sinnvoll, wenn man eine Vertrauensperson informiert und anfragt, ob sie am Abend für ein Gespräch bereit wäre. Die gleiche Vorsicht gilt in Kursen. Die Verantwortlichen müssen allenfalls überlegen, wem sie den Tag nicht zumuten dürfen (oder wem sie einen Weggefährten mitgeben sollten).

- Eine gute Möglichkeit, an diesem Tag mit einem Mitmenschen Kontakt aufzunehmen, ist die Karte im Umschlag dieses Heftes. Bitte benützen! Gut Pfad!